JN439152

나는 숲이 된다

나는 숲이 된다

김훈동 시집

계간문예

| 시인의 말 |

인생은 흘러가는 것이 아니라 채워가는 것이라고 했습니다. 우리는 하루하루를 보내는 것이 아니라 내가 가진 무엇으로 채워가는 것입니다. 요즘같이 문학이 우리 생활의 주변으로 밀려나고 시詩가 푸대접받는 세상에 시집을 내놓는다는 게 겁도 납니다. 시를 통해 느끼는 삶의 여유는 정녕 잃어버린 사회일까요? 시를 많이 애송愛誦하거나 읽으면 나쁜 마음이 없어진다고 했습니다. 시에는 '영적 기운'이 담겨져 있기에 그렇습니다.

1967년 첫 시집 《우심雨心》, 2001년 《억새꽃》 이후 햇수로 16년 만에 제3시집 《나는 숲이 된다》를 상재합니다. 역사役事입니다. 벼랑길 위에서 아래를 내려다 볼 때 현기증이 나듯이 뇌의 회로가 복잡하게 얽혔습니다. 많이 망설이고 주저주저하다 일을 벌렸습니다. 시집 제목을 무엇으로 할까 묻자 내자內子는 "또 책을 만들어요?" 탐탐치 않은 어투로 말리고 싶은 속내를 드러냈습니다.

그간 청탁이나 투고, 기고 등으로 모아놓은 시편들이 어지럽게 여기저기 방기放棄된 듯해서 '언젠가는 꿰어야겠다.'는 마음이었습니다. 구슬이 서 말이라도 꿰어야 보배가 된다는 속담처럼 나 하나로 쑥쑥 커가는 한 그루의 나무가 아니라 앞 나무도 크고 옆 나무도 크고 뒷나무도 커서 무성한 숲을 이루고 싶은 삶을 살고 싶습니다. 그렇게 해서 《나는 숲이 된다》 시집이 얼굴을 내밀게 되었습니다. 한국문인협회 시분과 정성수 회장의 시 해설로 저의 졸시拙詩에 당의糖衣가 입혀졌습니다. 정성수 시인께 고마운 뜻을 담습니다. 또한 짧은 시평을 주신 김년균 전 한국문협 이사장, 손해일 한국PEN 이사장께도 감사드립니다.

서울대 농대 재학 당시 《시문학》으로 문단데뷔 한 지 50년 만에 전 한국문인협회 정종명 이사장이 발행하는 《계간문예》에 김년균 시인의 추천으로 재등단再登壇하였습니다. "《계간문예》 텃밭에서 이제껏 부족한 자양분을 마음껏 섭취하며 다시 시작하고 싶은 욕망이 솟구칩니다. 《계간문예》의 시림詩林에서 새로움을 추구하고 싶습니다." 라고 신인상 당선소감에서 밝혔습니다.

앞으로 깊이 파고드는 시작詩作공부, 관찰을 통한 세상공부, 성찰을 통한 마음공부 등을 이어가렵니다.

"문학은 오고 가는 세월의 틈새에 낀 잊지 못할 삶을 찾아주고, 그를 통해 깨달음을 주는 것"이라고 김년균 시인은 말했습니다. 문학이 열정을 일으키고 우리를 살아가게 합니다. 팍팍한 삶을 견디고 돌파하게 해주는 것이 바로 문학의 힘이기 때문입니다. 점점 메말라 가고 살벌해지는 세상에서 우리의 정서를 순화하는 데 있어 시처럼 소중한 것이 없습니다.

한 편의 시, 한 권의 시집을 읽으면서 나와 내 주위를 돌아보는 여유를 갖길 기원합니다.

2017년 초여름

김 훈 동

■ 목차

2부

봄이 말을 건넨다

3부

바다처럼 살고 싶다

4부

잡초의 아포리즘

5부

수원아리랑

해설

제1부

나도 숲이 된다

나도 숲이 된다

어제도 오늘도
산책길에서 만나는
생명의 줄기가 가슴 벅찬
나무 한 그루
눈을 비벼 하늘 보며
노래합니다
"나도 숲이 된다"고

세월을 다독이며 서 있는
나무 한 그루
가슴을 파고드는
당신의 손길이 있어
튼실한 큰 숲 이룹니다
오늘도 삶이 값진 것은
"나도 숲이 된다"고
말 할 수 있기 때문입니다

맥문동

잎잎이 기쁨이다
곧추 서있는 꽃나무 아래
맥문동麥門冬은
드러난 가슴을
기쁨으로 펼쳐놓았다
누구 앞에도 서운함을 꺼내놓지 않는다

나무 그늘이 내려오는 여름날에도
눈 덮이는 겨울날에도
무리지어 푸른색 웃음 짓는다
맥문동은 즐겁다
외모는 화려하지 않아도
내면세계가 꽉 찼다

몸을 낮추고 낮추면서
그 자리를 내어줄 마음이 없는 듯
맥문동은 자리를 지키고 있다
햇살 받으며
물러설 수 없는 한생을 휘젓는다
주변을 두리번거리며
고물고물 일어서는 보랏빛 기지개

정원에서 꿈꾸다

나무 가지마다
걸려있는 초록 미소
그리움으로 묻어온
타래 풀며
사이사이 피어오른다
살랑대는 웃음
각기 다른 채색으로
수줍은 얼굴 내민다
색조가 번지는 풍경화
온통 생기에 젖었다

철따라 피어나
무궁無窮에 잇대어
생명으로 빛난다
햇살이 내려와 어우러진
야들야들한 빛깔들
휘적휘적
불꽃 피우고 싶다
녹색 물감 풀려

토해내는 향기에
치솟는 기쁨
희열이 넘실댄다

한 계절이 가고 오는 자리
햇살 속으로 비상하는 꿈꾸고
키를 키워 하늘을 오른다

가을나무의 아우성

늦가을
발그레 영글은 얼굴
세월의 푸른 등고선 아래에서
손짓한다

그렁그렁한 여운으로
이렇게 저렇게
애태우고
사랑하며
싹트는 그리움
뿜어낸다

가슴 속 묻어 둔
숱한 이야기
바람만 스쳐도
붉은 아픔으로
수런수런
색의 질투를 벌리며
수작건다

한생애
지나가는 삶도
온갖 고난이었다고
내지르고 싶던 사연
이산 저산
붉게 적시며
쏟아낸다

늪에서 빠져나오다

세월의 더께 겹겹이 쌓인 얼굴
겨우내 닫힌 창문 열고
털고 날아가야 할
비바람에도 굽히지 않는
뜸직한 삶이여
해묵은 응어리
무너져 내린 늪 언저리마다
숱한 이야기 박혀 있고
담대히 인내하고
시작하는 새 삶이여
처음 품은 꿈들 같던
처음 품던 결심 같던
세상사 끌어안고
일탈이 두려워
여밀 틈도 주지 않고
순리를 따르는 삶이여
삶이 무거울 땐
깊은 늪에 빠져 보아라
알몸으로 섰어도

뜨거운 가슴 보듬으며
허물어진 삶
살아 있는 감동으로
함성이듯 다시 일으켜
세우는 삶이여

선운사 배롱나무꽃

선운사 배롱나무꽃
백일기도
목탁소리에
홍조 띤 얼굴로
서 있네

얼마나 깊은 곡절 있어
저토록 분홍빛 열정 삭이지 못해
백일동안
목탁소리에
팔 저으며
수줍던 모습을
드러내는가

정녕 못다 한
애절함 있어
가슴 풀어헤치는
선운사 배롱나무꽃

복수초가 입을 연다

내가 먼저
봄이 돼야지 하며
살을 에는
겨울바람 뒤로 밀고
이른 아침 문을 나선다

내 뜰 안에
봉긋봉긋
봄이 솟는 소리
쟁쟁하다
생명의 기운이
꿈틀댄다

내 맘 안에 비친
봄 햇살의 기도
어느새
부쩍 자랐다

들꽃 사연에 취하다

바람이 전하는 속삭임 들으며
굽이굽이 긴 세월
지고 날 적마다
사연 엉그는 들꽃 피어난다
이 땅 구석구석 사라져 가는
들꽃, 며느리밑씻개
며느리가 얼마나 미웠으면
가시 돋친 줄기로 밑을 씻게 했을까
집안이 평탄치 못했나 보다
힐끔 보고 지나치면 영영 이름 모른다
희귀한 들꽃 위해 다하지 못한 이야기
기묘한 형상 가부좌 틀은
들꽃, 앉은부채
부처님의 둥그런 머리 닮았다
이름 모를 들꽃 하나
힐끗 보고 스쳐가면 영영 사연 모른다
주어진 환경에 순응하는 의연함
유연한 빛깔로 얼굴 내밀어
부스스 계절 깨우며
쑥부쟁이, 깽깽이풀
외롭게 삶을 조리한다

덩굴나무

삶의 무게 내려놓아
여유롭고 유유자적한가
큰 숲
하늘에 걸린 마음이여

요리조리 휘젓는 춤사위
초록 잎 달아 보려는 몸짓인 듯
하늘 끝까지 솟아오르네
얼마나 급하기에
붉게 상기된 얼굴로
발돋움하는 하루
나는 이 대열에 끼여
곡예하기를 반복한다

하늘 우러르는 그 순수
바튼 숨결 고르면서
지상에서 천상으로 오른다
바람과 노니는 푸른 손들을 만난다

모과나무

우리집 붉은 담가
모과나무 한 그루
해마다
식구 닮은
모과가 달린다

하나 둘 셋 넷
세다 말고 아주 많다
좋아라 웃음 짓는
세 살박이 손자
며느리 샛노란 저고리보다

더 진하게 물들어가는
모과나무 한 그루
해마다
식구 닮은
향내를 풍긴다

"어머님 모과가 우리 쪽으로
가지가 뻗었네요"

"아마도 새내기 향기 맡으러
그쪽으로 가나보지"

고부姑婦간의 오가는 따스한 정情

우리집 붉은 담가
모과나무 한 그루
가을햇살에 그렁그렁 익어간다

목백일홍

여름날 뜨락
목백일홍 한 그루
되새김질하다
뱉어 낸
객혈喀血이
여기 저기
튀었다
온 몸이
신열辛熱로
질벅거려
붉은 가슴

여름날 한철
뜨락에
몸 터져 나오는
가쁜 숨소리
무엇이 널 그 지경에
이르게 했나

발버둥치며
견뎌낸
통증痛症
망울망울
끌어안고
하늘 휘젓는
목백일홍 한 그루
놀빛 곱다

가을은 그렇게 갔다

홍시 툭 건드리며
가을은 그렇게 갔다
배우고 나누고 연마해
순금의 얼개를 얻고자
정신의 연금술사들이 모인
수도장 같은 가을,
하나 둘 삶의 흔적들이
떨어져 내린다
그새 폭 익어버린 세월이
층을 지으며
여기까지 온 가을,
허수아비 기지개 켜는
논이랑 새로
비우고 나누고 하나 되어
세상이 훈훈해 진다
갈래갈래 걸어온 삶
저무는 골목길에서
가만가만 여린 피아노 소리가
들려오는 것 같다

바람결에 도망치듯
가을은 그렇게 갔다

가을편지

미치게 사랑한다 말한 탓일까
여물어 온
이내 생각나는 그리움들
노랑 불길 빨강 불길 되어
천지사방에서
곧추 선 암벽타고
가파르게
올라온다

야물어 온
가을 생각나는 아쉬움들
미치게 안고 싶다 말한 탓일까
얼 만큼 달려가야
길 끝에
닿을 것인지
일렁거리는
꽃불 꽃불들

난분蘭盆, 서재에서 잔다

잎새에 머무는 세월
행복에 젖어
영원을 호흡한다
아, 이토록 여유로울 줄이야

연민의 시선으로
담아보고 싶은
몸과 혼 울리는 떨림
한 겹 유한有限을 연다
입술을 연다

누군가 가슴에
다독이며 말해 준다
"유유자적 여유로와야 한다"고
말의 촉수가 되어
사르르 속삭인다

잎새에 휘감은 세월
사랑에 묶여
오늘을 노래한다
아, 이토록 자유로울 줄이야

난蘭

풀 먹인 모시옷처럼
정갈하다
단정히 하고 나선
몸가짐
이 세상
가장 깨끗함으로
목 축이는
싱싱한 몸부림의 넋이여

누구의 소원일까
긴 목 휘저어
모자람 없는 행복을
향기가 실어 나른다
온몸이 향기롭다
님 향한 외로움
그 속에 갇혔다

침묵의 세월 곁에서
가지런히 깨치는 소리

숨겨둔 너의 꿈도
한때의 푸르름도
모두가 허상인 걸
어쩌랴
저리 곧은 본색本色
선비들 붓자루처럼
반듯하다

춘란春蘭, 꽃피우다

겨우내 숨죽여
돌아온 기다림이
말없이 내밀어 준 선물일까
거센 바람 여기 오면
언제나 고요만 자리한다

가녀린 잎새마다 이는
선비의 곧은 숨결
번지는 푸른 기품이여

고독을 견디며
가슴에 꽃 피우는 건
연민을 품는 일

홀로 감춘 향
꼭 다문 침묵이 깊다
떠밀려 걷는 일상
가만히 여는 싱그러움
매일 매일이 푸르다
매일 매일이 정갈하다

제2부

봄이 말을 건넨다

봄이 말을 건넨다

봄이 말을 건넨다
겨우내 얼린 온기溫氣
살아내라고 잔가지마다 앉았던 햇살
내미는 발그레한 얼굴
현란하다.

봄이 말을 건넨다
겨우내 움츠렸던 기지개 펴내
꿈을 싹티우라고
물오른 가지 돋아나는 새순
슬며시 걸터앉은 햇살
눈부시다

봄이 말을 건넨다
겨우내 닫혔던 창문 열고
희망을 키질하라고
강을 건너 들녘에서
봄볕 하얗게 눈 흘기는 바람
땅 속에서 헤쳐 나온 꿈틀대는 봄 기척
서물거리다

봄날에

당신 처음 보던 순간이 이랬다
추위에 길러온 고된 꿈 하나
당돌하게
돋아 나오고 있다
가슴조이며
꽃눈 속에 숨쉬는 환희
골고루 적신다
이제 네게서 시작되는
차오르는 봄
들불처럼 번진다
한 점 햇살로
엎드렸던
파릇한 성깔마저
돋아 나오고 있다
서성이며 다가온 봄소식들
여전히 꽃잎 흔드는 바람
당신 처음 보던 순간이 이랬다

여름이 간다

점점 짧아지는
내 보폭步幅
흔들리며 길어지는 그림자
선도 색도 경계를 푼다
약간은 쓸쓸한 색깔로
채색하는 마지막 꿈
지나는 바람이
품어 안는다

지상의 연분緣分 풀어놓고
날빛 퍼지는 햇덩이
여름내
지열 그렇게 빨아들이고도
햇볕 그렇게 끌어들이고도
어디론지 여름의 덜미를
끌어낸다

여린 햇살
동구 밖 고개 마루에서

마지막 미끄럼 타고
나의 여름은
묻혀버린 하늘처럼 암담한데
여전히 나를 에워싼 불볕
숨죽은 바람처럼
해거름 그을린 손을
흔들어 댄다

쩡쩡하던 태양도 질 때는 순간이다

장마

포만飽滿의 밤은
억세다

온몸에 휘감기는
어둠의 미역을 감는다
자맥질로
스스로 온몸을 던져버린
비장한 절망
너만이 할 수 있는 결심이다
네 목숨을 던지는 모습
해가 지고 바람이 잠들고 비가 와도
다시 땅 위에서 일어나
소리치며 몸부림친다

한평생 비상을 꿈꾸며
해탈한 너의 전생前生일까
세상은 온통 범람하고 있다
네 생애가 곡예 하듯 그렇게 떨더니
이따금씩 새로이 변형되는

위태로운 날갯짓
악착스레 바위에 붙어있는 집착처럼
한바탕 춤추는 바람
산야山野 온통 들렌다

왁자지껄 소란이 인다
바람은 또 한바탕 소란을 피워댄다
수군거리며 가는 길 재촉하는 강물
흔들리는 어지러움
아찔하다
펄떡펄떡 맥박 뛰게 하는
억센 집념
속내 감추지 않고
안간힘을 다해
거친 숨결의 헝클어진 몸짓
마구 내던진다

가뭄

먹먹하다
무슨 말 할까
침묵만 내린다
쏟아지는 빗줄기의 꿈
여전한데
내 마음 밭 피해가는
안타까움이여
막막하다
무슨 일 할까
신열만 오른다
치성하는 정한수에 어른거리는
뜨겁게 타는 논바닥
거북이등처럼
갈라져가는 아픔이여

편승便乘

인생은 편승
엄마 우주 같은 뱃속에서
토성처럼 유영遊泳하며
세상밖에 나왔다

엄마 우주 같은 품속에서
강아지처럼 애지중지
똑바로 키워졌다

잘난 사람도
못난 사람도
인생 편승은 마찬가지다

뽐내지 마라
기죽지 마라
어차피 인생은 편승이 아니냐

늦가을 담채

꼬장꼬장하던
산나무들
겹겹이 색色을 먹는다
초록의 꿈 내려놓는
산등성이 너머로
억새의 서걱임

수군수군 달려드는
마른 나뭇잎
조용히 땅에 눕는다

한여름 견딘 과물果物들
살아온 세월 희석하려는 듯
헛헛함 감추며
욕심 훌훌 다 떨쳐 버린다

초록 세월 덧칠하며
가빴던 숨
화려하던 몸짓

시린바람에
끝내 내려놓는다

아릿하게
영글어 가는 늦가을
발 아래 서걱이는 낙엽
외롭탄다

자리

누구나
이 자리에 오면
흔적을 남기고 싶어 한다
이젠
바람이 되어 보게나
인생은
맴돌며
늘 순환하는 것
하늘보고
숨 고른다

세상은 춘몽春夢
사람은 거기서 지새는
나그네
공명功名 날리던
누구누구도
한 방울 강물이 아니던가

하루와 백년이 무엇이 다를까

꿈의 궁전 짓던
좋은 시절
늘 그 자리에 서서
머물 수 없는 것
더 머물다가 갔으면 싶은
그 흔적을 지키고 섰는데
오늘도
무심無心의 노을만 진다

노수老愁

세월에 몰래 묻어온
나의 여정은 어찌하여
이토록 깊은 외로움에 젖을까
아직도 아련하다
헤아리지 못한 번뇌
언제 안개처럼 거두어 갈까
추억은
가버린 날의 깃털 같은 것
등 기대고 지냈던 일들
메마른 마음 햇솜처럼 부풀어
기억의 조각들을 만지작거린다

뜨거운 한시절 가슴에 묻고
견디며 살아온
내 인생의 무게를 이고
지치도록
먼 길 달려왔어도
곰삭은 세월
아직도 새삼 그리운 까닭은 뭘까

노을 색 번진 물가에서
부활하지 못할
불임의 세월
몸을 뒤틀며
나는 자꾸 쪼그라든다
잎이 지듯 그렇게
기억의 수첩 속 이름들을
하나하나 지워야 할까
비바람 영글었던 추억도
새까맣게 타버린 꿈도
채우는 욕심 다 묻고
삶은 다 그런 거라고
고이 접고 떠나야 할까

끊일 듯 긴 세월 지나온 길
흙으로 돌아갈 것을
생각하며
주먹만 움켜쥔다

좁쌀

속 좁다 말하지 마라
응혈凝血진 내 속
어찌 누가 알랴.
작은 고추가 맵다

때론 초연한 듯
때론 연연한 듯

간절한 발돋움하며
세월 층층이 머금은
진득한 삶이
켜켜이 묻어난다

숨길게 뭣 있나요
작은 몸뚱이
다 드러내
풍파風波 겪은
내력 쏟아낸다
속 좁다 말하지 마라

미세먼지

비자가 필요 없다
여권도 소지하지 않았지만
펼쳐 보일 생각조차 먹지 않는다
아주 귀찮은 놈이다
담 너머 이웃도
기웃거리거나 망설임 없이
넘나든다
볕살도 먹어치우고
내 창공蒼空을 온통 차지한다
언제나 의기양양하다
옹골차게 눈 밝혀도 소용없다
퀴퀴한 과거를 데려와
너울짓으로 나를 어지럽게 한다
아주 징그러운 놈이다

정情이라는 것

살아가며 비위 맞춰가는 건
헤어지지 않으려 해서가 아니다
둥지 속에 섞여 살아
한몸 이어서다

잡았다가 당겼다가
고무줄 같은 일상
나란히 걸어가는
보폭步幅마다 뿌듯한 맘이
포근하게 피어난다

일곱 음표 고루 섞여
살아온 여정
보일 듯 안 보일 듯
마음 밭에
정 주고 얻는 행복
꽃노을에 젖고 싶다

힘든 일 궂은 일 부둥켜안고

맞잡은 손에 혼곤히 땀 배이면
가슴에 행복노래
다습게 번진다

못생겨 미안하다

부끄러움에
얼굴이 노랗다

해와 달 별빛 받은
세월의 앙금
생기 있게 익어
코끝 가득
향기로 온몸 감싼다

아주 은밀하게
그때를 생각하며
싱그럽게 팔을 벌리는
가지에
얼굴 파묻는 것은
무슨 뜻이 있어 그러는 걸까

매달린 모과 그렇듯이
바람으로 일렁이는
생명의 빛깔

노랗게 물들이지만
아무리 광채 나도
못생겨서 미안한 건
어쩔 수 없는 숙명일까

지팡이

저만치 이순耳順이 보이는 둔덕에 서면
차마 못 놓는 까닭이 있습니다

돌 더미보다 더 무거운 하루
허락받은 목숨 부지하는
짧은 인생의 무게를 짐짓 알았습니다

현絃을 팽팽히 당겨
지그시 온몸 누를 때
지주목 되어
자존심 세우고 꼿꼿이
내 뜰에 머뭅니다

순간의 긴장이 풀리면 쓰러지고
달관의 몸짓
허리 굽혀 겸손함을 깨달은
다소곳함도 뿌리 같은 고집 내려
내 뜰에 머뭅니다

저만치 세월이 드리운 언덕에 서면
차마 못 놓는 이유가 있습니다

표지

위장도 하지 않은 채
드러내는 넌 피부다

살갑게 다가오는
눈으로 들어와
가슴으로 반기는 넌 비밀악수다

아는 척하고 싱긋 웃는
멋스러움을 피운 넌 정표다

충성스럽게
정직을 다하는 넌
깊이와 색깔로 선다

몸 전체가 얼굴이다

제3부

바다처럼 살고 싶다

바다처럼 살고 싶다

온몸으로 출렁이며
숨쉬는
바다처럼
지칠 줄 모르게
사방팔방 달려가고 싶다

잠자리 맴돌듯
좁은 물가에서
허우적거린
여정旅程
이젠
바다처럼
넓은 가슴을 갖고 싶다

조바심 내며
달려오는 파도
아우성치며
뛰어오르는 파도
와락 끌어안고

침묵으로 엎드린
방파제처럼
욕구慾求 쳐 오는
〈열기〉를
잠재우고 싶다

그 넓이만큼
마음은 더욱 파랗게
생각은 모나지 않게
덮어 주는 바다
아득한 수심水深으로
내려가
아직도 찾지 못한
〈진주〉를
캐고 싶다

단비의 광시곡

단비가 내렸다
목젖까지 타오르는
갈증에
깨드득 내렸다
뜨거운 여름 마시며
신열을 앓던
대지에
와하하 내렸다
애타도록 보채 온
가슴에
꿔르르 내렸다
단비가 내렸다

축원무

하늘에서 구슬을 딴다
만수무강을 부르고
태평성대를 축원한다
소맷자락 부여감고
스며들 듯 커오는
사랑의 장관壯觀을 옮겨 그린다
때로는 마주보고
때로는 빗긴 자리를 에돌면서
큰 원을 만들고
축복의 나타남을 그린다
넓을 공간을 포용하고
하늘에 펼치고
하르르 날리는 옷자락
만조백관들의 미소가 보인다
내 정체 보듬으며
살며시 눈을 감는다

탈춤

이제사 펼쳐보는 푸른 가락
고달픈 삶의 부스러기들
이것이 아니구나
고개 저어 흔들어도
한이 맺혀 피는 가락
더엉더꿍 덩더꿍
매운 향이 오른다

옹이로 박힌
가슴 찡한 삶의 부스러기들
부대낌도 약이구나
손 흔들어 휘저어도
먼 발치에 서성이는 난
언제 해맑은 햇살 받아
목화송이 같은 시詩를 피우리

불꽃 축제

심장이 뛴다
쉼 없이 모습 그렸다 지우고 떨어진다
어둠 밝히며 광선이 넘실거린다
음표 쉼표 튕겨져 나오고
태양도 들어 올릴 기세다
더 이상 침묵하는 게 미덕이 아니다
순간을 꽃으로 향유하며
찬란하게 왔다 찰나에 가지만
늘 승화昇華를 꿈꾼다

가슴이 쿵쾅거린다
한생애 화음으로 흥을 돋우고
사랑은 온몸을 다 던져서
어둠을 벗기는 열정으로
허공 중에 뽑아 올린다
정적靜寂을 깨고 피어나는
환상의 꽃들이 환호성에 싸이지만
스스로 가눌 수 없어
산화散華를 반복한다

이 새벽녘에

깊은 영혼 솟아나는
이 새벽녘에
달려가 안기고 싶다
간밤에 겨드랑 밑
새겨둔 기억들
힘껏 재치기하며 털듯
아침을 연다
행복의 푸성귀 돋아나는
넉넉한 식탁
어제를 벗어버린
새벽 강 물안개
온몸 휘감아 흐른다
늘 다시 살아 오르는
이 새벽녘에
오래오래 적시고 싶다
넉넉해지는 햇살 한줌
가슴에 심는다

생각하는 사람들

오늘은 하늘의 선물,
내 인생을 두드렸다
리듬을 조율하며 살아가는 일상
가슴 졸이며 헤쳐 온
어제는 외로운 등짐장수처럼
삐뚝거리는 몸짓으로 하루를 살았다

새로 도드라지는 오늘이 있어
삶의 은유가 얼마나 큰지 알 것 같다
평범한 오늘이 모여 만든
삶이 얼마나 위대한지 깨달을 것 같다

조곤조곤 누군가에게
들려줄 꿈이 있어
내일은 함박웃음 터뜨려야지
오늘도 내 마음 창가에
아침 햇살이 비친다

나 행복해요

눈웃음치는 친구 내 앞에 있어
잔잔한 말로 위로하는 동무 있어
바라만 보아도
함께만 하여도
나 행복해요

알록달록 곱게 물들이는 단풍처럼
내 마음을 아름답게 채색하는 동무 있어
쳐다만 보아도
같이만 있어도
나 행복해요

마냥 좋아 웃어주는 친구 내 앞에 있어
도란도란 이야기 나누는 동무 있어
만날 약속만 해도
어제도 오늘도
나 행복해요

그냥, 지금이 참 좋습니다

그냥, 지금이 참 좋습니다
그건 선택입니다
기진맥진 지친 삶에
희망의 속살 돋게 하는
햇살 있어
그냥, 지금이 참 좋습니다

뉘 괴롬 하나 달래 줄 수 있어
뉘 아픔 하나 덜어 줄 수 있어
만나는 사람마다 웃음 나눌 수 있는
여유로움 있어
그냥, 지금이 참 좋습니다
그건 감사입니다

나는 내 감정의 주인
걸어온 길 모두 껴안아도
남과 비교하지 않게 되어
남과 다투고자 하지 않아
그냥, 지금이 참 좋습니다
그건 행복입니다

읽는 맛 쓰는 맛

생각보다 마음으로 삶이 인간답습니다
느리게 살아도 좋습니다
마음 밝혀 세상 비추니
뜨겁습니다
시집을 읽는 날
마음이 설렙니다
마음에 드는 시를 만나면
절로 행복해집니다

맨 얼굴로 다가와
살며시 마음을 껴안아 주는 시
그런 시를 만나면 금방
마음이 데워집니다
무게 달거나 덧칠하지 않는 시
누구든 제 안의 저를
다독이며 산다지만
출렁출렁 차오르는
땀 밴 일상의 냄새
속살을 드러내 보여 줍니다

넌지시 눈길로 시어詩語 건져 올리면
삭막했을 빈 들이 한결 밝습니다
삶에 흥미로움을 선사합니다
생각의 무게마저 들어냅니다
생각보다 마음으로 삶이 아름답습니다

색의 하모니

색은 세상을 덮는다
밝음과 기쁨 주며
색은 사랑을 앓는다

꽃으로 피어나는 저 색을 보라
투명한 물살 일으키며
끝없이 퍼져나간다

색은 마법을 부른다
말 건네면 말문 열까
쏟아 부은 색은
새로 현묘玄妙한 길 연다
고분고분 길을 낸다
햇살도 쟁쟁하다

색은 지배자다
그대 몸과 혼으로 울리는
뭔가 예언하는 불빛처럼
일제히 켜지는 점멸등을 보라
세상을 밝힌다

내일 또 얼 만큼 꽃 피우려나
색바람이 인다
세상의 심연 흔드는 찬란한 빛깔로
눈부신 신의 숨결
화가의 가슴 속에서
캔버스 속에서 깃을 친다

조각보

한 땀 한 땀 배어 있는 정성
이어져 가고
귀한 것 감싸던
그날 밤 부풀던 긴 이야기
새록새록 더 생생하다

뜯어보면 참으로
아름답고 신비한 것
생각 키우며 보듬어 준 손
한 자락 천 조각들
색깔은 신이 난다

보들 촉촉한
땀 배인 삶의 흔적
동여맨다
예스러운 호기심
더욱 설렌다

문인화文人畵

묵향墨香에 출렁이는
강물 소리 듣는다

청청靑靑하게 굽이치는
하늘 소리 듣는다
대서사시의 뜻
한 폭의 그림으로 창조해 냈을까
숨겨진 여운

신발

밤새 그리움의 숲을 맴도는 것은
발이 아니다
꽉꽉 밟아라
과정보다 결과만 따지는 무리가 싫더냐
이봉주가 냅다 달려 나와도
발만 마사지 해준다. 발이 아프다고
뛴 것은 내가 일등인데

네 자존심을 그릴 수 없어
그리도 좋으냐
발만 동동 구르고
아무것도 저지를 수 없는
팍팍한 세상,
꽉꽉 밟아라
사랑만큼이나 많은 사연

끈을 깊게 조인다

이리 구르고 저리 구르고
그것만으로도 좋다
미련 남기지 않을 편한 사람처럼
되고 싶다
밑바닥 밟히면서
낮고 더 낮은 자리에서
쉼 없이 누비는 것은
발이 아니다
매양 발이 아프다고 한다

비상구

이제껏 걸어 온
이 길이 무엇인지
제대로 걸어 온 건지
가파른 곡예曲藝의 삶이여
가슴 콱 막히도록
먹먹한 순간이여
언제나 제자리 종종걸음
언제나 부지런은 조바심 되어
버리는 일도
잊어버리는 것도
난 몰랐다
다시금 숨 몰아 쉬어보지만
거슬러 올라갈 수 없는 길
또 다른 길이 있다는 걸
난 몰랐다

제4부

잡초의 아포리즘

잡초의 아포리즘

버릇없다 얘기하지 마세요
길섶에서 한 번 휘저어보려
세상에 나왔습니다
바람과 비 만나
이름도 잊고,
돌아갈 고향도 잊고
세차게 자라난 자연인입니다

예의 없다 수군대지 마세요
들판에서 한 번 억지 부리려
대지를 물었습니다
아무도 눈여겨보지 않아도 좋아요
오늘은 필요 없는 것 같지만
내일은 꼭 필요한 것이 될지 몰라요
짓밟히고 차여도
굴복하지 않고
절망하지 않는 이유입니다

잡초가 살 수 없으면
우리도 살 수 없어요
나의 행복에
다른 사람의 눈물이 묻는 걸 알기에
서로 어울려서 늘 함께 삽니다

농업인, 그대 있으매

농업인, 그대 있으매
생명의 냄새가 난다
지난 겨울은 대단히 추웠다
개방의 파고波高로
몸은 여기저기에서
못살겠다고 아우성쳤다

농업인의 생애는
자연과 다투는 대서사시大敍事詩

강풍이 몰아치던 날
폭설이 숨 가쁘게 퍼질러 앉는 날
천명天命이 일러주는
무수한 말을 가슴에 품었다

언제나 기다림에 길든 성자聖者처럼
오늘도 등짐 하나 내려놓는
농업인, 그대 있으매
생명의 향기가 난다

망치를 잡다

아내는
망치질 하나 못한다고
핀잔이다
그렇다 오늘도
내 자신 하나
깨뜨리지 못했다
내가 휘두르는 망치에
스스로
꿈을 깨뜨렸다
아내는
망치질 하나 못한다고
타박이다
그렇다 오늘도
망치질 하나 잘못해서
망쳐버렸다

입춘

눈부신 기다림
바리톤으로 온다
겨우내 저린 이야기
잎새마다 손 흔들며
응어리 푼다
잎새가 손바닥 편다

열망熱望 터뜨린 목련
우리 손주 환한 웃음처럼
희게 웃었다
야스락거리는 꽃가지
설레임으로
송송이 배어 오듯
봄날이 정겹다

맨드라미

햇빛 쏟은 나날들
포기마다 스며들어
핏빛 정열로
솟은 사랑

터질듯 한 화관花冠
혼신을 흔든다

알알이 박힌 아픔들
속살처럼 들어내고
선지피 엉긴 꽃
토吐하여 흩뿌린다

마음이 온통 달아
그도 한참 뜨겁더니
엉겨 맺힌 설움들
눈빛 빨겋게
이글거린다

부부

일곱 음표 고루 섞여
살아온 여정旅程

솔바람에 날린
귀밑머리 결
혼곤히 땀 배인
맞잡은 손
그 온기溫氣에 젖어
오늘도 두리번거립니다

잡았다가 당겼다가
어깨 나란히
걸어가는 우리
다습하게 번지는
행복의 볼샘

그 햇살에 달궈
내일도 나래 펼칠 겁니다

늦가을 텃밭에서

파르르 떠는 볕살
익어가는 걸까 떨어져 가는 걸까
싱싱하게 버텼던 날도
가을의 풍성함 뒤로 하고
모든 걸 털고 간
한 줄기 아쉬움 접고
뿔뿔이 흩어진
미련 없이 투영하는 그리움
헛된 것만은 아니다
잊을 건 무엇이며 담을 건 무엇일까

단풍은 바람 붙들고 저리 얼굴 붉히는데
누군가 안아줄까 가슴 풀어 하늘 보며
붙잡아 두고 싶은 세월의 무게
해 걸음 재촉하며 시린 어깨 움츠린다
흔들어 털어놓고
풍요로움에 여유 부리는 햇살이 부드럽다
덩그런 빈자리 허전해 애써 눈길 두는 것도
돌아서는 모습이 그리워서일까
마음 다독여 다음 해를 기약한다

나이테

둥근 기억의 시간
그 시간의 경계가
확실치 않아
씨방을 자라게 했던
둥글둥글한
사랑의 흔적만 남기고
걸어온 세상
모든 길이
몇 개의 허물을
더 벗어야 할까
살갗이 아리다

감춰 두었던
내 소란스런
흔적들
차곡차곡 쌓아온
내 소중했던
공간들
단단한 껍질로

쪼이던 몸
껍질을 벗어 던진다
가슴을 풀어 놓는다

쭈욱 폈다 접으면서
그은 한 획劃은
마음기운
시간의 무늬
시슬의 고리
조였다 풀어주는
그 우주의 겹
웅숭깊어졌으리라

수채화

순정純情한 색깔들
설레도록
목마름
그리움으로
온몸을
적신다
온마음
취한다

마음을 채색한다면
어떤 색으로 할까
어떤 형태로 할까
그저 아득히
펼쳐지는
무지개 꿈
피고진다

눈으로
마음으로
즐기는
오후 한나절
달콤함
은은함
캔버스에
번져난다

우리 집안, 목련나무 웃는다

겨우내 골똘히
생각을 머금은
우리 집안, 목련나무
봄보다 먼저 달려와
벙긋벙긋 웃는다
도란도란 댕글댕글
순백의 사랑 쏟아낸다

겨우내 해사한
햇살을 머금고
우리 뜰안, 목련나무
잎보다 먼저 눈을 떠
약속한 듯 일제히
온동네 불 밝힌다
봄밝히는 등불이다
보성보성 꽃망울들
하얀 사랑 물어 나른다

춘색을 가득 먹은
우리 담가, 목련나무
피어오르는 햇솜, 솜꽃이여
어깨춤 신명나는 꿈이여
어정거리는
봄 햇살 유혹을 뿌리치지 못해
두런두런 왁자그르
순결한 사랑 뿜어낸다

논배미

수천년
이 땅 사람 먹여 살린
큰 그릇
가슴 넓혀
더 큰 사랑
더 큰 포용
언제나 그랬듯이
농부의 근심
고랑에 감춘다

여름내
열병 앓은
알알이 여물어간 벼이삭
햇살 닮은
언어들
흙내조차 삽상하다

오늘도
풍흉豐凶의 애환이 그물처럼

담겨있는
들녘 끝에서
작년에 그랬듯이
시름 거두고
소망 담긴
위안 얻는다

두엄

이랑마다
따사로운 온기
뿌려지는 두엄은
촉감 좋은 포옹이다

묵은 앙금 갈앉히고
흙에 묻혀
잎에 덮여 잠자듯 지샌 동안
그 심연이 향기롭다
지열 밟고
멍울 삭혀낸 두엄은
비의를 간직한
위대한 선물이다

빛이 되고 소금이 되어
땅의 보드라운 속살
기름지게 키워내는
농부 걸음 분주하다

속살 냄새 짙은
두엄을 어떻게 쓰느냐에 따라
곳간이 달라진다
마음을 어떻게 쓰느냐에 따라
세상이 달라진다

시래기

할머니 생애만큼
시들은 푸성귀들
그저 늙어서 손등이 드러나는
새삼스런 힘줄 같은 것
어찌 그것만 탓하랴

아무도 눈길 주지 않아도
천덕꾸러기면 어때
돌아가지 않을거야
들판에
지천으로 흩어진
시월상달 햇빛에
그리움 태우고
수줍은 이파리
이웃되어 좋다

고운 색깔이 아니어도
고운 매무새 아니어도
바람결 따라 사라지는

촉촉한 물기 머금고
반겨주는 이 하나 없어도
지탱해주는 바람이 있어 좋다
몸말려주는 태양이 있어 좋다

짚은 흔적이다

너는 흔적
질긴 뿌리로 대지 움켜쥔 채
봄여름가을 노랫소리
어깨춤도 추었지만
햇볕이 핥고 간
양분 전하던 잎맥
골다공증 뼈마디 드러냈다

푸르게 펼쳐진 가슴
가을 출산위해
세월 묶은 벼이삭 머리에 이고
생명 줄기였던 삶 접고
비벼대며 잊은 음계音階를 노래한다

너는 회한
갈바람 들이마시며
서로 살 부비고 살아온
골 패인 주름살
발에 쥐나도록 서 있던

텅 빈 들판에 이렇게 주저앉아
바싹 말라 잃어버린 음색
이젠 늦은 햇살마저 희롱한다

동구 밖

흰 구름 서성이는 곳
잊었던 그리움
밀물로 달려와
도란도란
이야기 꽃 피운다

한 낮 길게 드러누운
느티나무
평화로운 휴식인데
재갈대는
묻어 둔 상념들
슬며시
동산을 내려오던 바람에
숲 속으로 숨는다

태울 듯 내리는
햇살
탱글탱글 익어가는
토마토 밭으로
몰려간다.

여물린 고향
대처로 나간
손자들 생각
잊혀지지 않는
이런저런 일상
목침 벤
고단한 하루가
졸고 있다

나도 숲이 된다

어제도 오늘도
산책길에서 만나는
생명의 줄기가 가슴벅찬
나무 한 그루
눈을 비벼 하늘 보며
노래 합니다
"나도 숲이 된다"고

김훈동 시집 나는 숲이 된다 출간기념
김훈동 짓고 서원 윤경숙 쓰다

제5부

수원아리랑

수원 아리랑

훈풍이 광교산 서둔과 북둔에
펼쳐나는 수원의 노래 수원아리랑
이 땅에 함께 모여 효孝를 행하며
살아가는 우린 수원시민
아리랑 아리랑 수원아리랑

방화수류정 용연에 우리의 희망 담고
화홍문 무지개빛 칠간수에
우리 꿈을 싣고 버들가지
휘늘어진 곳에 수원천이 흐르네
아리랑 아리랑 수원아리랑

정조대왕 한없는 어버이 사랑은
사도세자 그리는 마음 애틋한 마음
팔달산에 진달래 융릉 숲에 두견화
피어나네 멀리 펴져나가네
아리랑 아리랑 수원아리랑

수원화성 휘감아 도는 훈풍에
절로 흥이 나네, 어깨가 들썩이네
동서남북 사대문 활짝 열고 반기는
인인화락人人和樂 살기 좋은 수원이여
아리랑 아리랑 수원아리랑

장안문

화성의 관문
수도를 상징하는 장안은
나라 안의 첫째가는 관방關防
닫힌 문루門樓가 아니라
두 손 벌려 껴안듯
민초들 보듬는
열린 문루

우진각 지붕 아래
백성들 안녕 기원하며
치마처럼 두른 옹성甕城
만백성을 보호하네

오래도록 평안을 노래하는 장안은
나라 안의 가장 큰 성문
개혁군주 정조대왕의 생각
2백 년이 받쳐준 댓돌머리에
지혜가 빛나네

오가는 이들 몸 섞어
역사의 깊은 향기를 마시네
오랜 세월을 베고
곧게 서 있는 화성의 정문
단아하고 웅건한 자태
안과 밖 무지개같이 만든 홍예
하늘을 이고 앉아
덩달아 우쭐대네

수원판타지아 · I

하늘가 떠 있는 행복의 홀씨
우리 모두가 바라는 소망을 담아
사대문 돌아돌아 웃음꽃을 피우네
우리 모두가 바라는 사랑을 담아
전설이 알알이 열려 이야기꽃을 피우네

햇빛보다 더 눈부신 오늘이 있어
정겨운 수원에서
살가운 수원에서
너와 내가 손잡고 긴 세월을 엮어가리

광교에서 불어와 푸른 옛 성城 감아 도는
향긋한 꽃바람에 사랑이 일어
따스한 이 터전 모두 모두 누리세

번영하는 수원이여
뻗어가는 수원이여
수원 팔경八景
아름다운 나의 고향

효孝의 고을 수원에서
너와 나 하나 되어 함께 가리

수원판타지아 · Ⅱ

바다보다 더 깊은
효심孝心이 살아 있어
정다운 수원에서
효원의 수원에서
이웃과 웃으며 살리라

정겹게 거닐던 서호 물가에
그대가 안아주는 다사로운 행복
문화와 예술이 꽃을 피우네
화홍문 칠간수가 무지개빛을 뿜고
영롱히 빛나는 수원천에 행복이 흐르네

영원하라 수원이여
화성은 문을 열고
세계는 다가오네
화령전 앞뜰에
피어난 작약은
효심의 향기를
온누리에 날리네

거센 바람이 불어도
함께 살을 맞대고
물의 고을 수원에서
긴 세월 엮어가리

화성어차를 타자

기댈 어깨가 그리우면
화성어차를 타자
친구들아, 사람들아
기댈 연인이 보고프면
화성어차를 타자
하루는 얼마나 거대한 미래인가
하루는 얼마나 꿈꾸는 세계인가
웃음은 곳간마다
쌓아놓고 사는 동네
울려라 둥둥둥 북을 울려라

오늘은 행복하네
어제와 내일을 이어주는
화성의 향기를 맡아라
너와 나를 이어주는
화성의 역사를 들어라
눈이 부시게 푸르른 날은
힘겨웠던 사람들
마음이 얼룩진 사람들

화성어차를 타자
휘젓는 바람도 상쾌하다
바람 속에 숨은 신명 불러내어라

오복서점

지하층 곰팡내 짙게 밴
단골로 찾는 고서점에
명멸하는 유명 인사
여기저기 좌정하고 있다
"오늘은 누가 왔을까?"

도심 속
유토피아 꿈꾸며
탐서探書여행 떠나는
꽃과 나비
꽃가루 빨고
분 냄새, 살 냄새에 취해
여기저기 비상하고 있다

바다 더 깊은 곳에서
건어 올린 황금비늘 대어大魚
그 황홀한 발견에
떠밀려 걷는 하루
마냥 즐겁다

담론이 살아있는
인문학적 책놀이터
잠들 줄 모르는
오복서점은
도심을 밝히는 별빛 같은 존재다

*오복서점 : 수원 팔달문 옆에 있는 지하 고서점

나혜석 연보

52성상星霜 새까만 납활자로 남겨진
나혜석 연보가
오늘따라 허허롭다
121년 전 수원군수원면신풍리 291번지
가슴 안쪽 지우지 못한
기억 담은 출생터 표지석

세월의 디딤돌 밟고
현해탄 건너더니
소설 〈경희〉 탈고 하며
필명 정월로 문필가로 얼굴 드러냈다
고단한 여정의 멍울
짧은 생애 흔드는 게
눈발이며 바람이었을까
3 · 1만세운동 주도하다
옥고 치른 독립운동가였다

24세에 원앙금침 펼쳐
여류서양화가, 유화개인전, 조선미술전람회 입선으로

〈처음〉이 시작되는 발원지 이뤘다
세계일주하며 파리의 하늘에 무지개 색칠하고
수원포교당에서 귀국 개인전을 열었다
뜨거운 예술의 불덩이
온몸으로 퍼져갈 때
그리움 묻어둔 채 34세 이혼했다
이혼고백서를 발표하며
논란의 중심에 섰다

그대 안으로 들어온
숱한 삶의 모습
촉촉한 물기로 나혜석 연보에 파문이 일었다
천지사방 혼자일 때
묵언으로 수행위해 만공스님 찾아든 숭덕산 수덕사
채 마르지 않은 유화 같은 삶 뒤로하고
52세 행려병자로 외롭게 소천했다
나혜석 연보를 바라보면
행복한 미소보다 눈물이 더 난다

4월 11일

이날은 태극기 다는 날
이른 아침 출근 길
태극기 들고
대문에 처음 달던 날
길 가던 얼굴들
"오늘 무슨 날인데 태극기를 다세요?"
이상타 고개를 갸우뚱

"오늘 우리 결혼기념일이야요"
맛이 간 사람이라 여기듯
보는 이마다 고개를 절레절레
앞집도 옆집도
맛이 간 사람이 산다고
속살속살
수군거린다

이날은 태극기 다는 날
제2학교 초중고 개교기념일
선생님도, 학생도

태극기 달고 휴업하듯이
4월 11일은
제1학교 우리 가정학교 개교기념일
우리 부부 어깨동무한 날
당당하게
번듯하게
태극기 다는 날

올해도 어김없이
햇살비추는 정남향
우리집 붉은 대문 게양대
태극기 힘차게 펄럭인다
태극기 건경하게 나부낀다

우리 가정학교 복 받으라고
우리 가정학교 영원무궁하라고
기원하는 마음들
홀씨처럼
바람결에 번져간다

김유정역驛*

길 떠났던 언어들
가쁘게 되돌아와
자리 푸는
떡시루 같다는 실레 마을
김유정 숨결 쏟아낸다

잘 다녀오라는
인사말 정겨운데
금병산자락에 엎드려 있는
봄 봄의 봉필이 영감 마름집
바람과 눈물과 한숨
그 긴 시간 엮어
기억들 하나 둘 줍고 있다

대합실 한 귀퉁이
필통으로 눌러둔
원고지 몇 권 위에 놓인
유난히 밝은 노란 동백꽃
햇살 한 자락 졸고 있다

쏟아지던 싱싱한 언어들
김유정 문학 보듬고
아름드리 느티나무 숲 만들어
오가는 이 반기는 역사驛舍
오늘도 부푼 마음
철길로 내달린다

*경춘선에 있는 소설가 김유정 실명을 붙인 유일한 간이역

무창포* 소묘

무창포가 옷을 벗는다
짭조름한 바닷물
세월의 허물 벗고 몸을 씻는다

절절한 사연담은
하얀 거품 내뿜으며
멈춤 없이 맨발로 달려와
자폭自爆하고야 마는
무창포 파도는
혁명아일까

스스로 풀어 버린 저 해원에
힘찬 숨결
부딪치고 멍들어 깨지며
걸친 것 남김없이 내려놓고
삶을 풀어 놓는
무창포 파도는
뉘우침일까

더는 참을 수 없어
고민 쏟아 내라고
웅성웅성
제 몸 던지는 소리
가고 올까 망설임 없이
응어리 커진 몸 버리며
달려가서 덮치는
무창포 파도는
깨달음일까

*무창포 : 충남 보령시 웅천읍 해변

보길도

보았다
다투어
보길도는 제 키를 낮춰
우뚝 나를 세운다
고산 윤선도
어부사시사 출타한 사이
저 아래에서
꾸역꾸역
미역내음 올라오고 있다

봉평 메밀밭

그렇게 울고 보채더니
하얗게 부서지는
물결에 묻혀
허우적거린다

봉평처녀 흰저고리
저토록 눈부신데
어찌 창백해 보일까
마음 죄며 기다림 탓일까

설움 사르면서
아픈 사랑
파도 위에 던져 놓고
풀 먹인 모시옷처럼
정갈한 하얀 얼굴
온몸이 향기롭다

순천만順天灣

거기, 낙원이네
끝없이 열려있는 갈대 숲길
거긴 소리가 잠들어 있네
물소리, 새소리, 바람소리

갈대숲길 해풍으로 어루만지고
철새는 목이 쉬도록 울어댄다
여미고 지천으로 피어나고
가쁜 숨소리 파도처럼 밀려오고

물결 간절함으로 밀려와
칠면초 붉은 빛 사랑
고운 숨을 쉬네

일상에 지겨웠던 일들도
해풍마냥 사라지리니
오순도순 몸을 여는 갯벌로 가세

헤아릴 수 없는 베풂음으로
자유로운 뭇 생명들
거기, 낙원이네
누워있는 갈대들의 기개氣槪에 놀라
흑두루미 한 마리 고요를 안고 나네
눈 아프도록 드러나는 은물결
무상 속의 영원을 보여주네

도공 지순택 백자

빛이 되고파
산고의 열기를 이겨낸
달덩어리
비상하는 빛이
눈부시다

곳간 꾸러미
집사에게 줘 가져온
뽀오얀 먼지 뒤집어쓴
백자 한 점
보드라운 살결
흰 장갑으로
조심스레 애무하듯 닦으면서
도공 지순택
"난산으로 태어나 애지중지하는 분신이외다"

도공 지순택이
정성 다 바쳐
뜨거운 영혼을

불어 넣은
흙의 새생명
달덩어리
빛으로
영원을 산다
하얀 속살이
현란하다

*도공 지순택 : 이천시 신둔리에서 몇 년 전에 작고한 백자의 대가.

수석壽石

그의 침묵이
오히려 정겨운 말입니다
가만히 귀 기울이면
정지된 시간들
태고의 물결로
부스스 깨어납니다
소리되어 일어납니다
세월의 자리
속 깊은 언어들
알알이 박혀
바람에 일렁입니다
저토록 기다림의 흔적들
그의 침묵이
오히려 정다운 말입니다

• 해설 •

인간적인 지극히 인간적인

정 성 수(한국문인협회 시분과 회장)

김훈동 시인의 시는 한 마디로 말하자면 고대부터 지금까지 면면히 내려오는 우리의 전통적 서정시에 그 뿌리가 닿아있다. 한국의 전통적 서정시는 우선 인간의 사상과 감정을 난해하지 않게, 이성적이기보다는 주로 감성적으로 펼쳐나가는 경향을 지니고 있다.

그에 따라 작품마다 서정시 특유의 시적 호소력과 흡인력이 강하다. 김훈동의 시 역시 그러한 한국적 혹은 동양적 시적 정서에서 크게 벗어나지 않는다. 그러므로 시의 소재가 크고 작은 인간사 모든 면에 걸쳐 다양할 뿐만 아니라 시의 표현이 쓸데없이 난해하지 않고 진솔하고 따스하다.

요즘 일부 젊은 시인들을 중심으로 시인 자신도 알기 힘든 거의 불가해한 난해시나 긴 수필의 일부를 슬쩍 떼어놓은 듯한

산문시 아닌 '산문'들이 마치 새로운 시인 것처럼 여기저기 버젓이 발표되고 있는 것은 우리 시문학이나 독자를 위해서 심히 우려스러운 일이 아닐 수 없다.

시는 단적으로 말해서 독자에게 그 어떤 크고 작은 감동을 주거나 신선한 충격을 주어야 한다. 그 둘 중에 하나는 돼야 '좋은 시'라고 말할 수 있을 것이다. 여기서 김훈동의 시는 전자에 해당된다.

그의 시는 무엇보다도 우선 편안하고 따뜻하고 지극히 인간적이다. 그러니까 독자는 아무 거부반응 없이 그의 시와 함께 짧고 긴 감성여행을 떠날 수 있게 된다.

다음 시를 살펴보자.

> 잎잎이 기쁨이다
> 곧추 서있는 꽃나무 아래
> 맥문동麥門冬은
> 드러난 가슴을
> 기쁨으로 펼쳐놓았다
> 누구 앞에도 서운함을 꺼내놓지 않는다
>
> 나무그늘이 내려오는 여름날에도
> 눈 덮이는 겨울날에도

무리지어 푸른색 웃음 짓는다
맥문동은 즐겁다
외모는 화려하지 않아도
내면세계가 꽉 찼다

몸을 낮추고 낮추면서
그 자리를 내어줄 마음이 없는 듯
맥문동은 자리를 지키고 있다
햇살 받으며
물러설 수 없는 한 생을 휘젓는다
주변을 두리번거리며
고물고물 일어서는 보랏빛 기지개

―〈맥문동〉전문

1연에서는 화자의 감정이 이입된 객관적 상관물인 '맥문동'을 통하여 '잎잎이 기쁨이다/…드러난 가슴을/기쁨으로 펼쳐놓았다/누구 앞에도 서운함을 꺼내놓지 않는다' 라고 '맥문동' 생애가 하나의 큰 '기쁨' 임을 노래한다.

이와 같은 표현은 이 작품의 시적화자가 세상과 삶을 부정적 시각이 아닌 지극히 긍정적인 시선으로 바라보고 있고, 스스로 그 눈앞의 삼라만상을 적극적으로 포옹하고 있다는 사실을 명

징하게 보여주는 것이다.

이것은 너무나도 당연히 자기 자신에 대한 사랑이자 자기 앞의 대상에 대한 사랑의 정신이다. 다시 말하자면 일종의 낙천주의적 사고와 평화와 사랑의 시정신이 행간 속에 도저하게 흐르고 있는 셈이다.

2연은 1연에 대한 재발견이자 반복을 통한 심층적 강조라고 말할 수 있다. '나무그늘이 내려오는 여름날에도/눈 덮이는 겨울날에도' '맥문동'은 '무리지어 푸른 색 웃음 짓는다/맥문동은 즐겁다'

'기쁨'과 '즐거움'의 구체적 이미지가 '무리지어 푸른 색 웃음(을) 짓는' 것이다.

3연에서 '맥문동'은 '몸을 낮추고 낮추면서/그 자리를 내어줄 마음이 없는 듯/자리를 지키고 있다' 본연의 자기 '자리'를 사랑하고 지킬 뿐만 아니라 '햇살 받으며/물러설 수 없는 한 생을 휘젓는다'.

즉 자기 자리를 사랑하고 지키기 위해서 '맥문동'은 '물러설 수 없는 한 생을' 자기식대로 요리하는 것이다. 이것은 수동적 소극적 '기쁨'이 아니라 능동적이고 적극적인 '기쁨'이다.

말하자면 화자가 자신의 '한 생을' 적극적으로 활성화시키면서 당당하고 풍요롭게 이끌어나가는 것을 의미한다.

그러한 '기쁨'은 어디선가 저절로 나오는 것이 아니라 스스로 자신의 생을 개척하고 만들어가는 가운데 떠오르는 것이다.

다음 시를 살펴보자.

홍시 툭 건드리며
가을은 그렇게 갔다
배우고 나누고 연마해
순금의 얼개를 얻고자
정신의 연금술사들이 모인
수도장 같은 가을,
하나 둘 삶의 흔적들이
떨어져 내린다
그새 푹 익어버린 세월이
층을 지으며
여기까지 온 가을,
허수아비 기지개 켜는
논이랑 새로
비우고 나누고 하나 되어
세상이 훈훈해 진다
갈래갈래 걸어온 삶
저무는 골목길에서
가만가만 여린 피아노 소리가

들려오는 것 같다

바람결에 도망치듯

가을은 그렇게 갔다

— 〈가을은 그렇게 갔다〉전문

'가을'에 대한 이 시 역시 긍정적이다. 여기서의 '가을'은 잘 익은 '홍시 톡 건드리며', '그렇게 간 가을'이다. 다시 말해 '배우고 나누고 연마해/순금의 얼개를 얻고자/정신의 연금술사들이 모인/수도장 같은 가을'이다. 낙엽이 지는 추락의 가을이 아니라 꿈꾸고 움직이는 생산적 가을이다.

'순금의 얼개', '연금술사', '수도장 같은 가을'이 보여주듯 여기서의 '가을'은 무언가 역동적이다. 결코 고독하고 쓸쓸한 회색의 시간이 아니다.

다시 말하자면 '그새 푹 익어버린 세월', '비우고 나누고 하나 되어/세상이 훈훈해' 지는 그런 희망적 '가을'이다. 그러므로 흘러간 세월은 그냥 사라져가는 아쉬운 시간이 아니라 '푹 익어' 가는 축복의 시간이다.

'저무는 골목길'에서조차 '가만가만 여린 피아노 소리가/들려오는 것같은' 푸근한 시간의 그림자가 우리가 숨쉬는 이 지상에서 추억의 음악소리처럼 아름답게 너울거리고 있다.

다음 시를 살펴보자.

위장도 하지 않은 채

드러내는 넌 피부다

살갑게 다가오는

눈으로 들어와

가슴으로 반기는 넌 비밀악수다

아는 척하고 싱긋 웃는

멋스러움을 피운 넌 정표다

충성스럽게

정직을 다하는 넌

깊이와 색깔로 선다

몸 전체가 얼굴이다

– 〈표지〉 전문

다양한 은유가 돋보이는 시다. 시에서 가장 중요한 요소 중의 하나인 '은유'를 멋지게 활용하였다. 책 '표지'를 1연에서는 '위장도 하지 않은 채/드러내는 피부'라고 비유했고 2연에서는

'눈으로 들어와/가슴으로 반기는 비밀악수' 라고 은유법을 썼다.

그런가하면 3연에서는 '아는 척하고 싱긋 웃는/멋스러움을 피운 정표' 라고 비유하였다. 즉 '표지' 를 '피부', '비밀악수', '정표' 라는 은유로 표현한 것이다. 그럼으로써 '표지' 의 다양한 이미지를 효과적으로 연출했다.

4연에서는 '표지' 를 '충성스럽게/정직을 다하는 넌/깊이와 색깔로 선다.' 라고 '깊이와 색깔' 로 '찬양(?)한다. 5연에서는 다시 '몸 전체가 얼굴이다' 라고 '표지' 를 '얼굴' 로 표현, 네 번째 은유를 하였다. 시 전체가 은유를 주축으로 한 특별한 작품이다.

다음 시를 살펴보자.

풀 먹인 모시옷처럼
정갈하다
단정히 하고 나선
몸가짐
이 세상
가장 깨끗함으로
목 축이는
싱싱한 몸부림의 넋이여

누구의 소원일까
긴 목 휘저어
모자람 없는 행복을
향기가 실어 나른다
온몸이 향기롭다
님 향한 외로움
그 속에 갇혔다

침묵의 세월 곁에서
가지런히 깨치는 소리
숨겨둔 너의 꿈도
한때의 푸르름도
모두가 허상인 걸
어쩌랴
저리 곧은 본색本色
선비들 붓자루처럼
반듯하다.

– 〈난蘭〉 전문

문자 그대로 난초 예찬시다. 이 시의 화자는 '난蘭'을 '풀 먹인 모시옷처럼/정갈하다' 라고 난초의 '정갈함' 을 표현한 뒤, '이 세상/가장 깨끗함으로/목 축이는/싱싱한 몸부림의 넋이여' 라고 '난' 의 치열한 순수의지를 노래한다.

'누구의 소원일까/긴 목 휘저어/모자람 없는 행복을/향기가 실어 나른다.' 이 시 에서의 '난' 은 그야말로 '절대적 행복' 을 전해준다. 그 '절대적 행복' 을 실어 나르는 것은 바로 난초의 '향기' 이다. 그 '향' 은 문자 그대로 지상 최고의 향기가 아닐 수 없다.

그러나 그 향기는 '숨겨둔 꿈' 도 '한때의 푸르름도' 모두가 허상인 걸' 알고 있는 달관한 존재이다. 그 초월자적인 달관 속에서 '난蘭' 은 '선비들 붓자루처럼/반듯하다' 난초의 깨끗함과 향내와 선비정신이 한 편의 시 속에 잘 어우러져 있다.

다음 시를 살펴보자.

당신 처음 보던 순간이 이랬다
추위에 길러온 고된 꿈 하나
당돌하게
돋아나오고 있다
가슴조이며
꽃눈 속에 숨쉬는 환희
골고루 적신다

이제 네게서 시작되는

차오르는 봄

들불처럼 번진다

한 점 햇살로

엎드렸던

파릇한 성깔마저

돋아 나오고 있다

서성이는 다가온 봄소식들

여전히 꽃잎 흔드는 바람

당신 처음 보던 순간이 이랬다

—〈봄날에〉전문

사람인 '당신' 과 4계절 중의 하나인 '봄날' 상황이 멋지게 합일되는 작품이다. '당신 처음 보던 순간이 이랬다./추위에 길러온 고된 꿈 하나/당돌하게/ 돋아나오고 있다.' 그렇다. 추위를 극복하고 당돌하게 돋아나오는 꿈처럼, 즉 당당한 새싹처럼 '당신' 은 그렇게 신선했다.

'이제 네게서 시작되는/차오르는 봄/들불처럼 번진다.' 새싹과 함께 '당신' 도 '차오르는 봄' 이 되어 솟아오르는 '들불처럼' 온세상 속으로 활기차게 뻗어나간다.

새싹과 '당신' 이 이끌어낸 봄의 무한한 생명력이 지상에 넘

쳐난다. '서성이는/다가 온 봄소식들/여전히 꽃잎 흔드는 바람/당신 처음 보던 순간이 이랬다.'

이 지상에서 사랑하는 '당신'을 처음 만나던 순간이 마치 봄날의 뜨거운 폭발처럼 싱싱하고 희망찬 순간이었던 것. 그야말로 아름다운 사랑이 시작되는 꽃 같은 시간의 소중한 만남이 아닐 수 없다.

이처럼 김훈동의 시는 서정적이다. 내용면으로는 대단히 인간적이다. 일상사에 대한 사랑과 이해와 생에 대한 긍정적 사고가 아름답다.

앞으로 그의 시가 더욱 크고 멋진 성과물로 우리 곁으로 슬며시 다가와 눈부신 광채를 뿜어줄 축복의 시간을 기다린다.

2017년 초여름날

칠읍산자락 별내마을에서

케리커쳐 임농 하 철 경(한국예총 회장)

계간문예시인선 121

김훈동 시집_ 나는 숲이 된다

초판 인쇄 | 2017년 8월 15일
초판 발행 | 2017년 8월 25일

지 은 이 | 김훈동
회 장 | 서정환
발 행 인 | 정종명
편집주간 | 차윤옥

펴낸곳 | 도서출판 계간문예
편집부 | 03132 서울 종로구 삼일대로 30길 21 종로오피스텔 808호
주소 | 03132 서울 종로구 삼일대로 32길 36 운현신화타워 305호
전화 | 02-3675-5633, 070-8806-4052
팩스 | 02-766-4052
이메일 | munin5633@naver.com
등록 | 2005년 3월 9일 제300-2005-34호
ISBN 978-89-6554-160-8 04810
ISBN 978-89-6554-118-9 (세트)

값 10,000원

이 도서의 국립중앙도서관 출판예정도서목록(CIP)은 서지정보유통지원시스템 홈페이지(http://seoji.nl.go.kr)와 국가자료공동목록시스템(http://www.nl.go.kr/kolisnet)에서 이용하실 수 있습니다. (CIP제어번호: CIP2017018585)